Picture Punch

in alle seizoenen

W0279807

Marianne Zimny

FORTE UITGEVERS

© 2004 Forte Uitgevers, Utrecht
Alle rechten voorbehouden.
Niets uit deze uitgave mag worden verveelvoudigd, opgeslagen in een geautomatiseerd gegevensbestand, of openbaar gemaakt, in enige vorm of op enige wijze, hetzij elektronisch, mechanisch, door fotokopieën, opnamen of enige andere manier, zonder voorafgaande schriftelijke toestemming van de uitgever.

ISBN 90 5877 415 5
NUR 475

Dit is een uitgave van
Forte Uitgevers BV
Postbus 1394
3500 BJ Utrecht

Voor meer informatie over de creatieve boeken van Forte Uitgevers:
www.forteuitgevers.nl

Eindredactie:
Gina Kors-Lambers, Steenwijk
Fotografie en digitale beeldbewerking:
Fotografie Gerhard Witteveen, Apeldoorn
Vormgeving omslag en binnenwerk:
BADE creatieve communicatie BV, Baarn

Inhoud

Voorwoord

Toen ik ruim 2 jaar geleden mijn eerste Picture Punchvel tekende, had ik niet gedacht dat het zo'n succes zou worden. Nu, meer dan 100 Picture Punchvellen later, leek het me leuk om dit boekje te maken en hierin te laten zien dat je met de bestaande vellen nog veel meer variaties kunt maken.

Picture Punch in alle seizoenen laat zien dat je Picture Punchkaarten het hele jaar door kunt maken én versturen. De lieflijke lentekaarten, vrolijke zomerkaarten, stoere herfstkaarten en ijskoude winterkaarten zijn stuk voor stuk gemaakt van bestaande Picture Punchvellen. Door de kaders en randen anders te verknippen, te variëren met verschillende papiersoorten en kleuren én het gebruik van de nieuwe paper fasteners hoop ik dat ik heb laten zien dat er tal van variaties mogelijk zijn.

Met veel plezier heb ik aan dit boekje gewerkt en ik hoop dat jij er net zoveel plezier aan zult beleven.

Marianne

Technieken

Picture Punch, ofwel plaatjes ponsen, is een makkelijke 3D techniek waarbij je figuurtjes uitponst en daarna met 3D kit opplakt. Op elk vel staan mooie randen en kaders die eenvoudig uit te knippen zijn. De 3D figuurtjes zijn allemaal afgestemd op bestaande ponsen. Op ieder vel staat duidelijk vermeld welke ponsen je moet gebruiken. De figuurtjes op de Picture Punchvellen zijn allemaal in spiegelbeeld getekend, zodat je ze, met de pons op zijn kop, makkelijk uit kunt ponsen. Hierdoor zie je precies wat je doet. Knip altijd strookjes van meerdere figuurtjes, zodat je houvast hebt bij het ponsen.

Leg alles klaar wat je nodig hebt. Knip eerst alle blokken, randen en kaders uit het Picture Punchvel. Knip nu het vel verder in strookjes. Leg de te gebruiken pons op de kop en pons de figuurtjes secuur uit. Snijd en plak de kaart zoals beschreven in de werkwijze van de betreffende kaart en plak de geponste figuurtjes er pas als laatst met 3D kit op. Een pincet met spitse punt is hierbij erg handig. Vooral de kleine figuurtjes zijn hiermee gemakkelijk te hanteren. Gebruik voor het aanbrengen van de 3D kit het liefst een kitspuitje. Hiermee kun je de kit gemakkelijk aanbrengen, ook op de kleine delen.

Gebruik van de kaderliniaal

De kaderlinialen zijn bij het maken van bijna alle kaarten uit dit boekje een onmisbaar gereedschap. De kaderliniaal kun je bij alle snijwerk gebruiken. Hij maakt het snijden van kaders en blokjes super eenvoudig. Bij elke kaderliniaal zit een uitgebreide gebruiksaanwijzing. Lees deze goed door voordat je de liniaal gaat gebruiken. Het snijden van vierkante en A6 kaarten is met de kaderliniaal erg eenvoudig. Gebruik A4 karton en vouw dit voor de vierkante kaart in de breedte dubbel. Voor een mooie vouwlijn maak je eerst een ril met de liniaal en een embossingpen. Leg de vierkante kaderliniaal op het dubbelgevouwen karton tegen de vouw en snijd het overtollige paper rondom af. Je hebt nu een perfect vierkante kaart. Voor de A6 kaart snijd je een A4 in de breedte door. Met de kaderliniaal en embossingpen maak je de ril precies in het midden.

Gebruik van de Orbis cirkelsnijder

Deze cirkelsnijder snijdt met gemak ronde kaders en zeer smalle cirkelrandjes. Leg voor het snijden van een rond kader de kaart op je snijmat en plak ze eventueel vast met stukjes crêpeband om verschuiven te voorkomen. Geef het midden eventueel aan met een klein

1. Materialen voor Picture Punch.

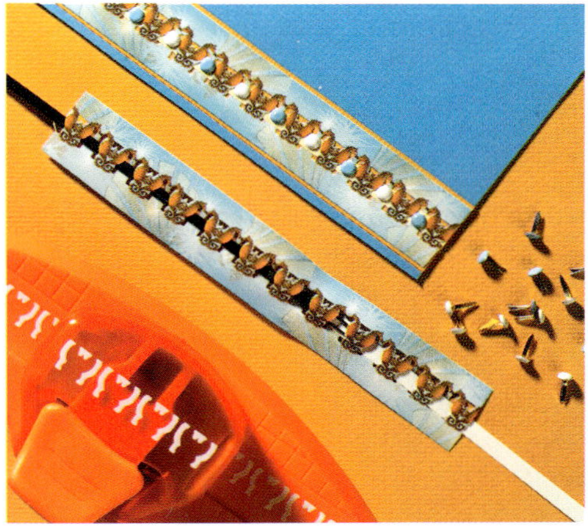

2. Pons de strook, haal er een vlechtstrookje door en werk af met paper fasteners.

3. Knip strookjes en pons losse figuurtjes.

4. Plak de losse figuurtjes met 3D kit op de kaart.

potloodpuntje. Leg het snijpunt van de lijnen op de cirkelsnijder op het potloodpuntje en zet de punt van het mesje loodrecht in het gewenste gaatje. Let hierbij op dat het mesje met de snijkant in de snijrichting staat. Druk de groene rand van de cirkelsnijder met je vrije hand goed vast op het papier en draai nu rustig rond. Probeer niet het papier in één keer helemaal door te snijden, maar draai liever twee of drie keer rond. Dit spaart mesjes en voorkomt dat het papier gaat verschuiven, of dat het mesje vast loopt in de snijmat. Bij het snijden van cirkelrandjes begin je met het snijden van de binnenmaat. Verplaats het mesje naar buiten zonder de cirkelsnijder te verplaatsen.

Het aanbrengen van paper fasteners

Paper fasteners zijn niet alleen een leuke versiering voor je kaarten, maar kunnen ook gebruikt worden als draaipunt of voor het vastzetten van ponsfiguurtjes. Het aanbrengen gaat het beste wanneer je eerst een gaatje prikt op de plaats waar je de paper fastener wilt bevestigen. Gebruik hiervoor een prikpen met een priklap.

Gebruikte materialen

- ❑ *kaartkarton*
- ❑ *Picture Punchvellen*
- ❑ *Allura transparant en embossing*
- ❑ *paper fasteners*
- ❑ *kaderlinialen: 14 x 14 cm en A6*
- ❑ *diverse ponsen*
- ❑ *embossingsjablonen*
- ❑ *3D kit met spuitje*
- ❑ *snijmat en snijmes*
- ❑ *pincetschaar*
- ❑ *schaar*
- ❑ *dubbelzijdige tape*
- ❑ *fotolijm*
- ❑ *prikpen en priklap*
- ❑ *embossingpen*
- ❑ *vlechtnaald*
- ❑ *vellumspray*
- ❑ *Orbis cirkelsnijder*

Lentebloemen

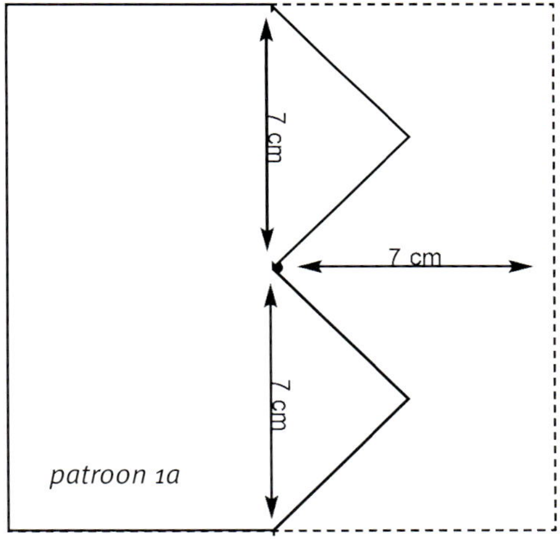

Het mooiste van de lente zijn toch de ontluikende bloemen. Met deze lieflijke bloemenkaarten kom je meteen in de juiste sfeer.

Nodig:

- *vierkante kaart aquablauw*
- *Florence papier: groen en geel*
- *vlechtstrookjes: blauw en geel*
- *Picture Punchvel Lelie*
- *Allura embossing Lelie*
- *embossingsjabloon Lelie*
- *mozaïekpons*
- *pons daisy*
- *paper fasteners: zachtgeel, roze en lichtblauw*
- *borderpons weave ster*

1. Vierkante kaart met mozaïekrand

Snijd uit geel papier een dubbele kaart van 8 x 14 cm. Snijd van een blauwe kaart aan de voorkant 8 cm af zodat er een strook van 6 cm overblijft. Plak de gele kaart omgekeerd op de blauwe zodat er een drieluik ontstaat. Pons in het blauwe deel een mozaïekrand met de mozaïekpons. Begin vanuit het midden. Zorg dat de randen van de ponsopening elkaar net raken. Zo ontstaat een mooie open rand. Pons met de mozaïekpons drie gele en twee groene figuurtjes uit en knip de hoekjes los. Pons daisy's uit het Picture Punchvel en zet ze met gele paper fasteners vast op de groene en gele mozaïekfiguurtjes op de mozaïekrand van de kaart. Snijd uit blauw karton een rand van 3 x 14 cm en een blok van 5,5 x 5,5 cm. Knip de groene bloemenrand uit het Picture Punchvel en plak deze op de blauwe rand. Pons vier daisy's en zet ze met gele paper fasteners vast (alleen de twee buitenste van beide kanten). Plak de rand op de gele kant van de kaart. Plak het blauwe blok diagonaal in het midden van

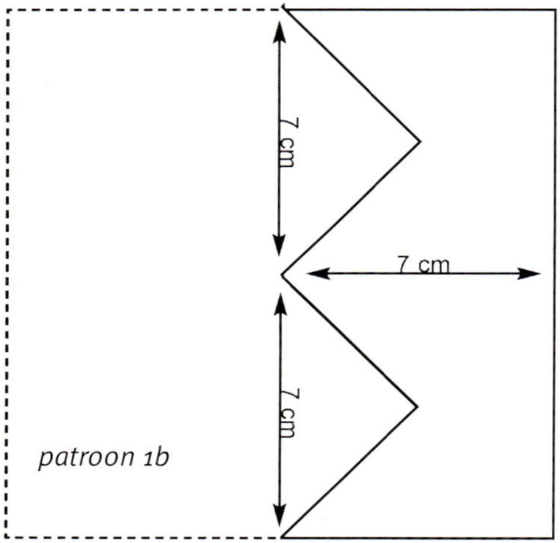

patroon 1b

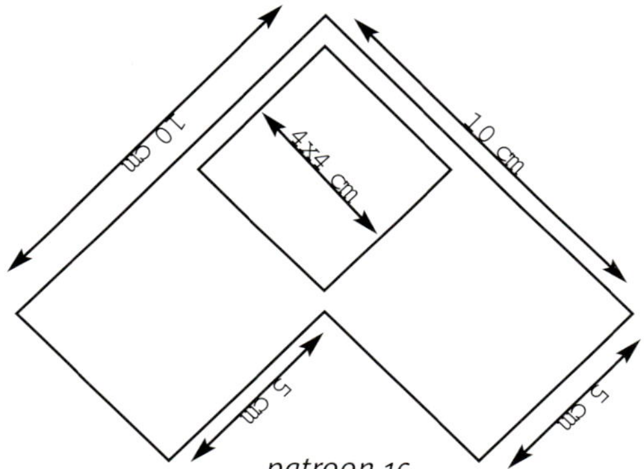

patroon 1c

deze rand. Knip en pons een blok van het Picture Punchvel en pons het losse mozaïekfiguurtje en twee daisy's. Zet ze met een gele paper fastener vast op het blok en plak dit op het blauwe vierkant. Knip de leliestrook uit het Picture Punchvel en pons de rand. Weef er een geel papierstrookje door. Prik gaatjes tussen de bloemen en druk er om en om roze en blauwe paper fasteners in. Open de achterkant van de paper fasteners en druk ze goed plat. Plak de strook in de kaart op de overgang tussen groen en geel.

2. A6 kaart met embossing lelie

Knip uit het embossingpapier het kader met lelie en embos dit. Snijd met de A6 kaderliniaal een kader van 8 x 6 cm uit de voorkant van een blauwe A6 kaart. Snijd het lelie kader uit het Picture Punchvel en snijd het binnnenblok los. Pons de rand met de borderpons en weef er gele strookjes door. Prik gaatjes tussen de bloemen in het gele strookje en prik er blauwe en roze paper fasteners in. Open de achterkant van de fasteners en druk ze goed plat. Plak het embossingpapier achter het Picture Punch kader en plak dit op de kaart, precies voor het uitgesneden kader. Plak een blok groen papier van 7 x 9 cm in de kaart en plak hierop het gele blok met lelie van het Picture Punchvel.

3. Vierkante kaart met vier blokken

Snijd uit groen papier een vierkante kaart met de kaderliniaal. Snijd deze kaart volgens *patroon 1a*. Snijd de blauwe kaart volgens *patroon 1b*. Plak beide kaarten op elkaar en plak hierin een geel vierkant van 14 x 14 cm. Snijd uit geel papier het *patroon 1c*. Plak de delen op elkaar. Knip en pons de blokken uit het Picture

1.
2.
3.

Punchvel. Pons groene en gekleurde daisy's en zet ze met gele paper fasteners op de geponste blokken (prik voor het gemak eerst een gaatje in alle delen). Plak de blokken op de kaart. Snijd uit het transparantpapier een rechthoek van 7 x 14 cm en plak deze met vellumspray rechts in de kaart onder de groene kant. Snijd een groen blokje van 4,5 x 4,5 cm en plak dit achter het raampje van de kaart. Plak er een passende tekst op.

Lovers

Lentekriebels of vlinders in je buik. Het voelt bijna hetzelfde. Van deze lieve lover kaarten krijg je dat gevoel vast ook.

Nodig:

- ❑ *kaarten: 2 vierkant lichtblauw, 2 vierkant roze, 1 A6 lichtblauw en 1 A6 roze*
- ❑ *paper fasteners: hartje medium wit en rondje wit*
- ❑ *Picture Punchvel*
- ❑ *dubbel silhouette pons klok*
- ❑ *silhouette pons lovers*
- ❑ *pons met drukknop hart*
- ❑ *mini afstandpons hartje*

1. A6 kaart met cirkeltjes

Gebruik de roze en blauwe A6 kaarten. Snijd de kaarten volgens *patroon 2* en plak de roze kaart in de blauwe zodat de golfranden precies in elkaar passen. Snijd vervolgens twee cirkel-randjes. Een roze randje met een binnenmaat van 6 cm en een buitenmaat van 7 cm en een blauw randje met een binnenmaat van 5 cm en een buitenmaat van 6 cm. Plak het blauwe randje op de roze flap van de kaart en het roze randje op de blauwe flap, rondom de middelste halve cirkel. Prik met de prikpen vijf gaatjes in de roze en vijf in de blauwe flap, mooi verdeeld op 0,5 cm vanaf de buitenrand van de cirkelrandjes. Breng hierin witte paper fasteners (hartjes) aan. Knip uit het Picture Punchvel drie cirkeltjes met afbeelding. Twee blauwe met hoofdjes en een roze met klok. Pons het middendeel en plak de cirkeltjes met 3D kit op de kaart. Pons nu ook losse hoofdjes en een klok en knip de kraagjes en hoekjes los. Plak ze met 3D kit op de cirkeltjes van de kaart.

2. *Vierkante kaart met randen*

Snijd de voorkant van de kaarten 4 cm vanaf de bovenrand en onderrand in tot aan de vouwlijn, zodat de voorflap van de kaart in drieën is verdeeld. Snijd bij de blauwe kaart de twee buitenste flapjes op de vouw af en bij de roze kaart de middelste flap. Plak de roze kaart in de blauwe met de vouwlijn naar rechts. Knip of snijd uit het Picture Punchvel de randen uit, pons de brede rand en plak deze met 3D kit op het blauwe middendeel van de kaart. Snijd twee blauwe strookjes van 2,5 x 14 cm en plak de hartrandjes van het Picture Punchvel hierop. Let op de richting van de hartjes. Prik nu onder en/of boven elk hartje een gaatje 0,5 cm vanaf de rand. Breng witte ronde paper fasteners aan en druk de achterkant goed plat. Plak de randen op de kaart, 0,5 cm vanaf de bovenrand en onderrand. Pons losse figuurtjes uit en knip ze los. Plak ze in 3D op de kaart.

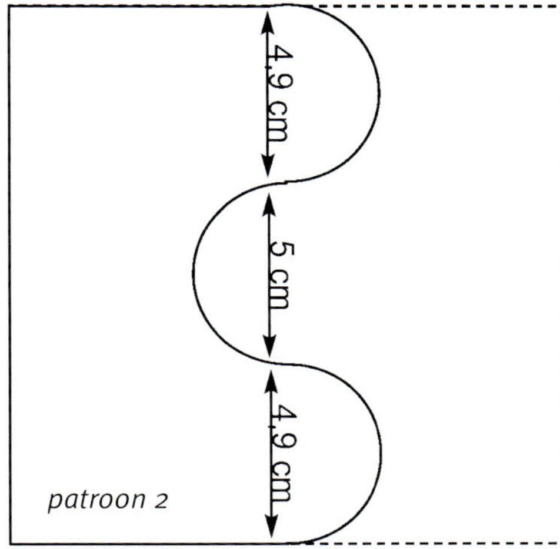

patroon 2

3. *Vierkante kaart met cirkel*

Snijd uit de voorkant van een vierkante roze kaart een cirkel van 55 mm, precies in het midden. Snijd de buitenhoeken van de voorkant van de kaart rond af met de cirkelsnijder. Knip uit het Picture Punchvel de grote cirkel. Snijd de binnencirkel eruit, pons de silhouetjes uit en plak de cirkel op de voorkant van de kaart. Snijd een blauwe kaart op de vouw door en breng in twee hoekjes telkens twee witte paper fastener hartjes aan. Prik de gaatjes op 1 cm vanaf de zijranden. Sluit de kaart en plak de middencirkel met klokken precies in het midden van het ronde kader in de kaart. Pons hoofdjes en klokken uit het Picture Punchvel en knip kraagjes en hoekjes los. Plak de figuurtjes met 3D kit op de kaart. Pons ook wat hartjes uit en plak ook deze op in 3D. Het is niet nodig om alle hartjes in 3D te plakken.

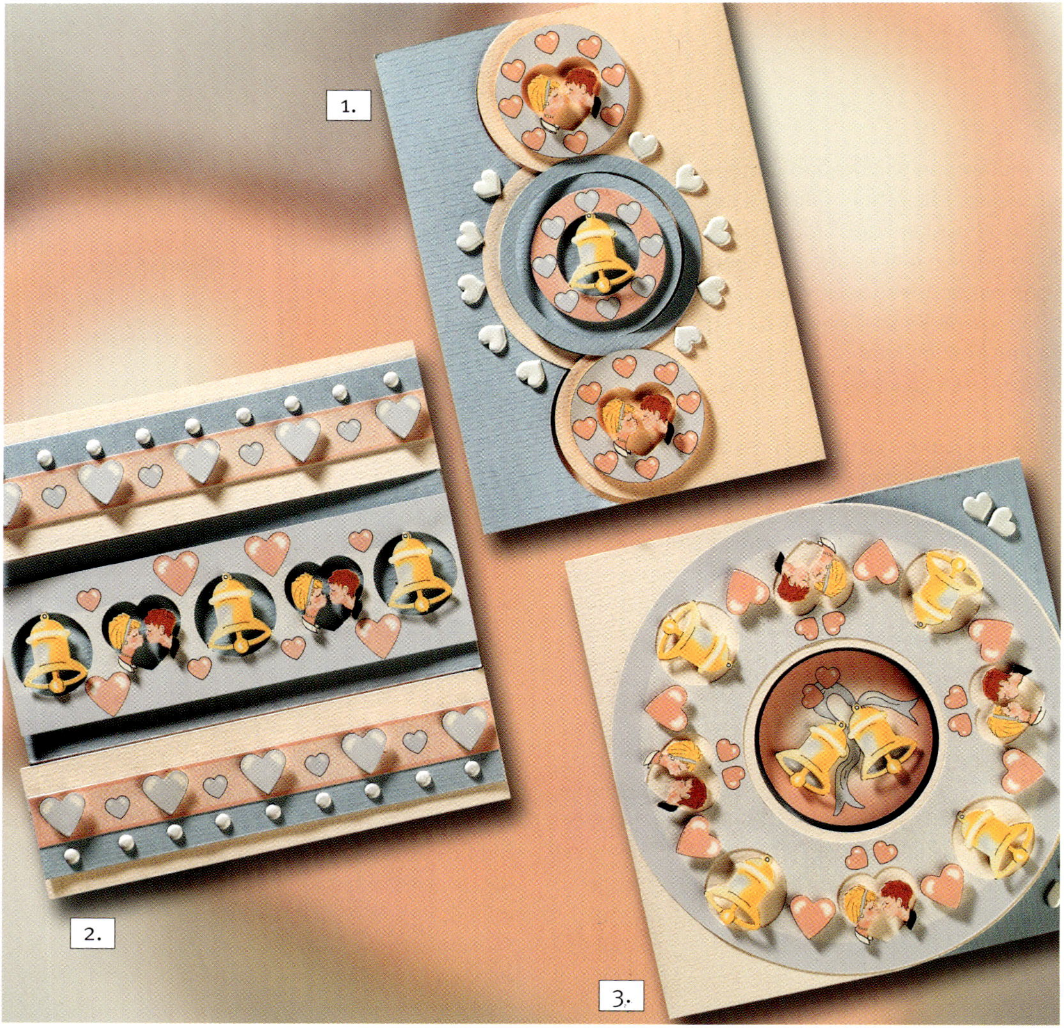
1.
2.
3.

2.
1.
3.

Gebooorte

Lente en geboorte horen bij elkaar. Kijk maar naar de natuur en je weet precies wat ik bedoel.

Nodig:

- ❑ *Florence papier: rood, geel, crème en aquablauw*
- ❑ *Picture Punchvel Baby*
- ❑ *paper fasteners vierkant mini pastel*
- ❑ *ponsen: kinderwagen, beer, kuiken en mini hartje*
- ❑ *borderpons weave hart*
- ❑ *vlechtstrookjes: blauw, geel en rood*

1. Rechthoekige kaart met vlechtrandje

Snijd de voorkant van de gele kaart volgens *patroon 3*. Snijd de Picture Punchrand uit en snijd de hoekjes schuin af, 1 cm vanuit de hoek. Pons de rand, plak hem op het blauwe karton en knip het blauwe karton langs de rand af zodat er een randje van 2 mm blijft staan. Plak dit op de voorkant van de kaart. Snijd uit rood karton een rechthoek van 10,5 x 14,8 cm en pons langs een lange kant een randje met de borderpons. Weef er een blauw vlechtstrookje door en plak de rechthoek in de kaart met de weefrand aan de buitenkant van de kaart. Pons figuurtjes uit en plak ze met 3D kit op. Pons gele en blauwe hartjes en plak deze om en om op de weefrand.

2. Vierkante drieluikkaart kaart met halve cirkels

Snijd een rechthoek van 14 x 28 cm. Maak twee rillen in de breedte van de kaart, 7 cm vanaf de rand. Geef met een potlood het midden van de

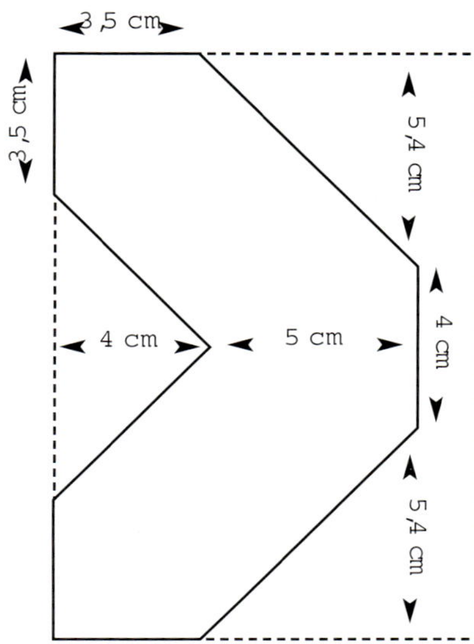

patroon 3

rillijnen aan en snijd van hieruit twee cirkels van 6,5 cm. Snijd de buitenranden met de cirkelsnijder rond af. Vouw het drieluik. Snijd uit aquablauw karton een vierkant van 14 x 14 cm. Snijd aan twee zijden halve cirkeltjes uit van 5 cm. Snijd uit crème karton twee strookjes van 14 x 1 cm en plak hier gele vlechtstrookjes op. Prik vijf gaatjes in het midden van het gele strookje en breng hier pastelkleurige paper fasteners in aan. Plak deze randjes langs bovenrand en onderrand van het blauwe vierkant en plak dit vervolgens in de kaart. Snijd uit het Picture Punchvel de grote cirkel, snijd de binnencirkel los en pons de rand vanuit het midden. Snijd de rand in twee helften en plak deze op de voorkant van de kaart. Plak de middencirkel in het midden van het blauwe vlak in de kaart. Pons beertjes, wagentjes, kuikentjes en hartjes uit en plak deze met 3D kit op en in de kaart.

3. *Vierkante babykaart met drie blokken*

Snijd de kaart volgens *patroon 4* met de kaderliniaal. Begin te snijden aan de bovenrand, 5 cm vanaf de vouw. Snijd 4,5 cm naar beneden, dan 4,5 cm naar rechts, weer 4,5 cm naar beneden en nogmaals 4,5 cm naar rechts. Plak in de kaart een crèmekleurig vierkant van 14 x 14 cm.

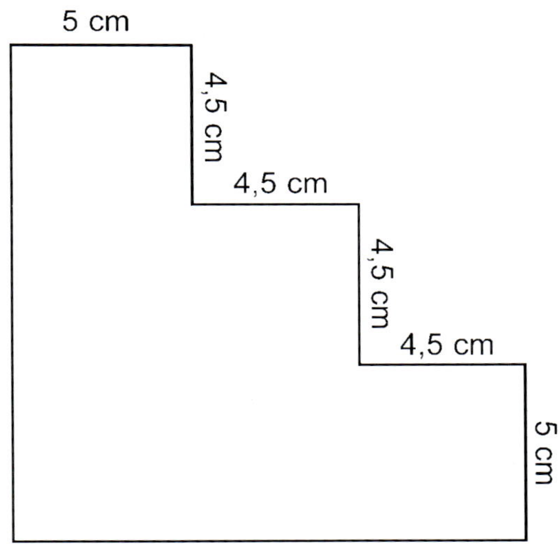

patroon 4

Snijd een blauw vierkant van 10 x 10 cm en plak dit in de kaart. Plak een rood en een geel vlechtstrookje over de boven en rechter zijrand van het blauwe blok en laat deze strookjes doorlopen tot aan de rand van de kaart. Breng hierin paper fasteners aan. Plak ook vlechtstrookjes op de voorkant van de kaart, 2 cm vanaf de rand. Breng ook hierin paper fasteners aan. Snijd uit rood, blauw en geel karton blokken van 4,5 x 4,5 cm en plak ze op de kaart, 2,5 mm vanaf de rand. Snijd uit het Picture Punchvel de vierkante blokjes, pons ze en plak ze op de kaart. Pons de losse figuurtjes uit en plak deze met 3D kit op de kaart.

Feest

Vrolijke clowntjes voor een te gek tuinfeestje op je verjaardag. Lekker buiten op een zomerse dag.

Nodig:
- *structuurkarton: aquablauw, rood en geel*
- *Florence karton felgroen*
- *Picture Punchvel Verjaardag/clown*
- *ponsen: ballon, clown en snoepje*
- *paper fasteners ballon: blauw, geel en rood*
- *paper fasteners blokjes mini: oranje, geel en groen*

1. Vierkante rode kaart met cirkel

Snijd uit rood structuurkarton een vierkante kaart met de kaderliniaal (zie Technieken). Snijd uit het Picture Punchvel de cirkel. Begin met de kleinste cirkel en snijd zo van binnen naar buiten alle randjes los. Heb je moeite met het gebruiken van een cirkelsnijder, dan kun je de randen ook knippen. Met het pincetschaartje prik je een klein gaatje in het witte randje tussen de cirkels en dan knip je ze secuur uit. Snijd uit de voorkant van de kaart een cirkel van 82 mm. Gebruik hiervoor de Orbis cirkelsnijder. Hiermee kun je de diameter exact bepalen. Snijd uit geel karton een cirkelrand met een buitenmaat van 14 cm en een binnenmaat van 78 mm. Plak deze cirkel achter de voorkant van de kaart. Plak het cirkelrandje met snoepjes op de kaart en ook de cirkel met ballonnen. Snijd uit groen Florence karton een cirkel van 90 mm en plak hierop de cirkel met clowntjes en snoepjes. Zet deze cirkel met een paper fastener ballon vast in het midden van de kaart. Pons nu ballonnetjes, snoepjes en clowntjes uit het Picture Punchvel en plak deze met 3D kit op de kaart.

2. A6 kaart met ballonsluiting

Snijd uit blauw karton een dubbele A6 kaart met de kaderliniaal A6 (zie Technieken). Snijd van de voorkant 2,5 cm af. Snijd uit rood karton een strookje van 4 x 14,8 cm en prik er vijf gaatjes in, 1,2 cm vanaf de rand. Begin met het middelste gaatje. Breng paper fasteners aan in de vier overige gaatjes en plak de strook in de kaart. Prik het middelste gaatje door, dit dient om de kaart straks mee te sluiten. Snijd uit groen Florence karton een strookje van 21 x 2,5 cm en vouw dit dubbel. Plak het dan om de kaart, precies in het midden.

3. Vierkante kaart met randen

Snijd uit geel karton een rechthoek van 23 x 14 cm en maak aan beide zijden een ril, 4,5 cm

1.
2.
3.

vanaf de rand. Vouw de kaart, zodat er een drieluikje ontstaat. Snijd uit blauw karton twee strookjes van 5,5 x 14 cm en plak deze achter de twee klepjes van de kaart, zodat er een randje van 1 cm uitsteekt. Breng in de blauwe randjes mooi verdeeld vijf paper fasteners aan. Snijd uit rood karton een rechthoek van 5 x 14 cm en plak deze in de kaart, precies in het midden. Snijd ook een blauwe rechthoek van 4,5 x 14 cm uit. Snijd nu uit het Picture Punchvel de randen met snoepjes en de brede rand met clowntjes en ballonnen. Plak de clowntjesrand op de blauwe rechthoek en plak deze vervolgens met 3D kit op de rode rechthoek in de kaart. Plak de snoepjesranden op de voorkant van de kaart, zodat er nog een geel randje van 3 mm zichtbaar blijft. Pons ballonnen, clowntjes en snoepjes uit en plak deze met 3D kit op de kaart.

Vakantie

Mijn mooiste vakantie herinneringen? Met mijn kids aan het strand op zoek naar schelpen en krabben!

Nodig:

- *kaarten crème: 2 vierkant en 1 A6*
- *Florence papier: okergeel en aquablauw*
- *Picture Punchvel Zeeschelpen*
- *Allura embossing*
- *borderpons weave vlinder*
- *ponsen: vis en krab*
- *vlechtstrookjes: blauw en geel*
- *paper fasteners wit*

1. Vierkante kaart met vissenblokje

Snijd uit Allura embossing een blok van 9 x 9 cm met schelpmotief en plak dit linksboven op de kaart. Snijd uit oker en blauw karton twee recht-

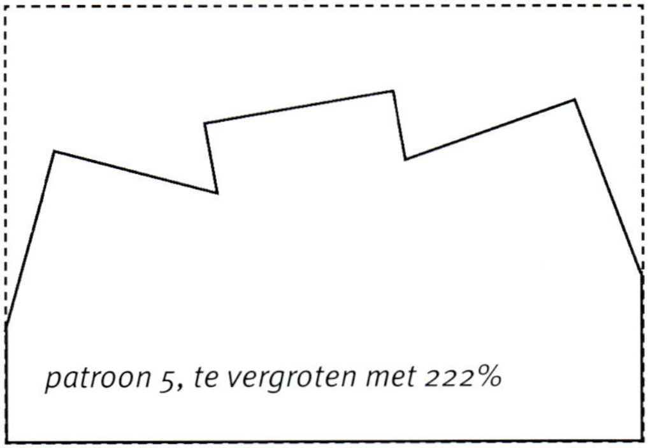

patroon 5, te vergroten met 222%

hoeken van 9 x 3,5 cm en plak de blauwe rechthoek onder het schelpenvlak en de okerkleurige rechthoek naast het schelpenvlak. Gebruik de blauwe en okerkleurige weefrand met zeepaardjes van het Picture Punchvel en weef er blauwe strookjes papier door met een weefnaald. Breng witte paper fasteners aan tussen de zeepaardjes en plak de weefstrookjes op de kaart. Plak het blauwe strookje langs het okerkleurige vlak en het okerkleurige strookje langs het blauwe vlak. Snijd uit crème karton een vierkant van 5,5 x 5,5 cm en plak hierop het Picture Punchblok met vissen. Gebruik hiervoor 3D kit en plak het blok ook met 3D kit op de kaart, over de kruising van de weefrandjes. Pons visjes uit en plak deze met 3D kit op het vissenblok.

2. A6 kaart met kriskras blokken

Snijd drie blokjes van 4,5 x 4,5 cm uit oker karton en plak ze kriskras onder elkaar op de kaart. Snijd de kaart vervolgens langs de blokjes af. Gebruik *patroon 5*. Plak een rechthoek van 10,5 x 14,8 cm in de kaart. Snijd uit oker karton een strookje van 2,5 x 14,8 cm en plak dit 3 mm vanaf de rand in de kaart. Snijd uit het Picture Punchvel drie blokken met vissen en snijd hiervan de okerkleurige rand af. Snijd ook een stukje van 14,8 cm van de blauwe weefrand met zeepaardjes, weef er een crème strookje door en breng witte en blauwe paper fasteners aan. Plak het vervolgens op het okerkleurige strookje in de kaart. Plak de drie blokken met 3D kit op de kaart, pons losse vissen en krabben en plak ook deze op met 3D kit.

3. Vierkante kaart met kader

Snijd uit blauw karton een rechthoek van 14 x 8 cm en plak deze op een vierkante crème kaart. Snijd met de kaderliniaal een kader van 8 x 6 cm uit de voorkant van de kaart. Snijd uit het Picture Punchvel de okerkleurige rand met vissen en krabben. Knip twee stukken van 14 cm af. Plak deze boven en onder het blauwe kader op de kaart. Plak twee crèmekleurige vlechtstrookjes langs de rand van het blauwe vlak en breng hierin mooi verdeeld witte en blauwe paper fasteners aan. Knip de zeepaardjes en schelpen uit en plak ze op met 3D kit. Pons vissen en krabben en plak ook deze op in 3D.

1.
2.
3.

1.
2.
3.

Beterschap

Na een mooie zomer, een rijke oogst. Heerlijk al dat sappige herfstfruit!

Nodig:

- ❑ *kaarten crème: 2 vierkant en 1 A6*
- ❑ *Florence karton zachtgroen*
- ❑ *karton linnenpersing oranje*
- ❑ *vlechtstrookjes: oranje en geel*
- ❑ *Picture Punchvel Fruit*
- ❑ *borderpons weave hart*
- ❑ *ponsen: blaadje, appel en peer*

1. Vierkante kaart met fruitkrans

Snijd uit groen karton een vierkante kaart en snijd van de voorkant 9 cm af zodat er een flapje van 5 cm over blijft. Snijd van een crème kaart 5 cm af. Plak de crème kaart omgekeerd in de groene kaart zodat de voorkanten mooi tegen elkaar sluiten. Snijd in de crème flap een kader van 6 x 8 cm met de kaderliniaal. Snijd uit oranje karton een rechthoek van 7 x 9 cm en plak deze in de kaart achter het kader. Plak hierop de rechthoek met fruitkrans van het Picture Punchvel. Snijd uit het Picture Punchvel de weefrand met appeltjes en pons deze. Knip

twee stukjes van 9 cm af en weef er een oranje vlechtstrookje door. Plak de randjes vervolgens op de kaart boven en onder het kader. Snijd uit oranje karton een strookje van 14,8 x 3,5 cm en plak dit op de groene flap van de kaart. Snijd uit het Picture Punchvel de rode fruitrand en snijd hiervan een stuk van 14,8 cm af. Plak deze op de oranje strook en pons fruit en blaadjes uit het Picture Punchvel. Plak de figuurtjes op met 3D kit. Knip de losse onderdelen van de fruitkrans uit en plak deze op in 3D. Het is niet nodig om alle blaadjes op te plakken!

2. A6 kaart met zigzag drieluik

Snijd uit groen karton een A6 kaart volgens de algemene werkwijze van de kaderliniaal. Snijd vervolgens de groene en een crème A6 kaart volgens *patroon 6*. Snijd in de groene kaart een kadertje van 4 x 4 cm, 0,5 cm vanaf de randen. Plak de kaarten omgekeerd in elkaar en plak een oranje rechthoek van 10,5 x 14,8 cm in de kaart. Plak vlechtstrookjes langs de randen van de kaart. Snijd uit het Picture Punchvel de blokjes met groene en gele kaders en plak het blokje met het gele kader in de kaart achter het groene kader. Het blokje met groene rand plak je op de crèmekleurige kant van de kaart. Pons losse blaadjes, appeltjes en peertjes uit het Picture Punchvel en plak ze op de blokjes van de kaart. Plak drie peertjes langs het crème vlechtstrookje op de groene flap van de kaart en drie appeltjes langs het oranje vlechtstrookje op de crème flap van de kaart.

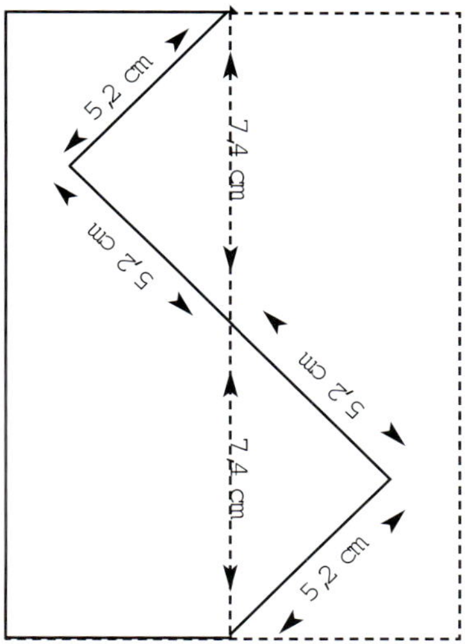

patroon 6

3. *Vierkante kaart met schuin kader*

Snijd uit groen Florence karton een vierkante kaart volgens de algemene aanwijzingen van de kaderliniaal. Snijd vervolgens met de kaderliniaal een kader van 6 x 6 cm in de voorkant van de groene en van een crèmekleurige kaart. Snijd dan bij beide kaarten de voorkant schuin af van rechtsboven naar linksonder. Plak de groene kaart omgekeerd in de crèmekleurige kaart. Snijd het kader uit het Picture Punchvel, snijd het middenblok eruit en snijd ook dit kader schuin door. Pons de randjes met de borderpons, weef oranje vlechtstrookjes erdoor en plak de helften langs het kader op de kaart. Snijd het overtollige papier weg. Snijd uit oranje karton een vierkant van 6 x 6 cm en plak dit in de kaart. Knip het blokje met rode rand uit het Picture Punchvel en plak dit in het midden van het oranje blok in de kaart. Pons blaadjes, appeltjes en een peer en plak deze met 3D kit op en in de kaart.

Herfstweer

Herfstweer, takkenweer, maar wat prachtig al die mooie kleuren!

Nodig:

- ❑ *kaarten terra: 2 vierkant*
- ❑ *A4 karton terra*
- ❑ *karton linnenpersing oranje*
- ❑ *Florence karton groen*
- ❑ *Picture Punchvel Herfstbladeren*
- ❑ *Allura embossing Herfstbladeren*
- ❑ *ponsen: blad, berkenblad en maple leaf*
- ❑ *embossingsjabloon Bladeren*

1. Vierkante kaart met vier kadertjes

Snijd het vierkante kader van het Picture Punchvel uit en gebruik alleen het middenblok zonder randje met eikeltjes. Snijd drie blokjes uit, maar laat het oranje blokje met esdoornblad staan. Leg dit kader diagonaal op de voorkant van een terra kleurige kaart en snijd de rechter hoeken van de kaart langs het kader af. Plak het kader nog niet vast. Snijd de drie open kadertjes uit de voorkant van de kaart. Snijd het onderste kadertje ook uit de achterkant van de kaart. Snijd de vierkantjes met eikeltjes en oranje blad ruim uit Allura embossing. Plak de eikeltjes achter het raampje van het Picture Punchkader en plak dit op de kaart. Snijd uit oranje papier een vierkant van 14 x 14 cm en snijd ook hier het onderste kadertje uit. Plak het transparante vierkantje met oranje blad achter het raampje van het oranje karton en plak dit vervolgens in de kaart. Embos het oranje blad en de eikeltjes. Embos het esdoornblad van het Allura transparant, knip het secuur uit en plak het met 3D kit op het oranje kadertje op de kaart. Embos ook het bruine blok met eikenblad en plak dit in de kaart achter het rechter kader. Plak ook het okergele blok met eikeltjes achter het raampje in de kaart. Pons losse blaadjes en plak deze met 3D kit op de kaart.

2. Vierkante kaart met eikeltjesrand

Snijd uit het Picture Punchvel het vierkante kader met vier blokken en snijd het eikeltjesrandje los. Snijd ook het rechthoekige kader uit het Picture Punchvel en snijd ook hier het buitenste randje los. Snijd uit groen karton een vierkant van 8,5 x 8,5 cm en snijd dit schuin door zodat er een driehoek ontstaat. Plak deze in de rechterbovenhoek van de kaart. Plak het oranje rechthoekige kader met eikeltjes diagonaal op de voorkant van de kaart en snijd het

1.
2.
3.

kader open. Plak de vierkante eikeltjesrand op de kaart. Snijd de twee kleine driehoeken linksboven en rechtsonder open. Snijd uit Allura embossing het rechthoekige kader inclusief randje. Embos het met de embossingpen en sjabloon. Plak dit met dubbelzijdig tape achter het kader van de kaart. Plak het rechthoekige blok van het Picture Punchvel in de kaart, precies achter het kader. Pons losse blaadjes en plak deze met 3D kit op de voorkant van de kaart op de terra en groene driehoeken.

3. A6 drieluikkaart

Snijd een terra A4 in de lengte doormidden. Maak twee rillen, 7,4 cm vanaf de korte zijden

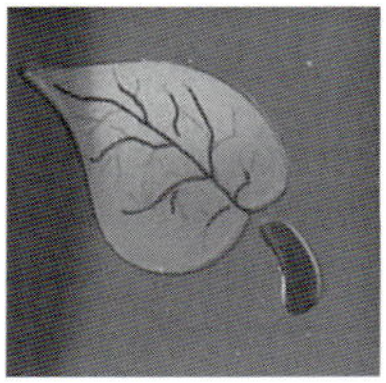

en vouw de kaart tot een drieluik. Snijd uit het Picture Punchvel het rechthoekige kader en snijd de twee randen los. Gebruik het randje met blaadjes en snijd dit precies doormidden. Plak een helft op een oranje rechthoekje van 7 x 10 cm en de andere op een even grote groene rechthoek. Snijd nu uit beide helften een vierkant van 4 x 4 cm, precies in het midden van het gekleurde vlak. Leg beide rechthoeken op de voorkant van de kaart met de open kant van de rand naar de vouw gericht. Snijd het kadertje in de kaart. Bij het embossen van het Picture Punchvel moet je een lichtbak gebruiken, bij transparant embossingpapier hoeft dit niet. Snijd uit Allura embossing het blokje met eikenblad ruim uit, embos dit en plak dit achter het groene kadertje. Plak nu beide rechthoeken vast op de kaart. Snijd uit groen en oranje papier twee rechthoeken van 1,5 x 5 cm. Plak het oranje rechthoek achter het groene kader in de kaart en het groene rechthoek achter het oranje kader. Embos het groene blokje met oranje blad van het Picture Punchvel en plak het op de groene rechthoek precies achter het oranje raampje. Pons losse blaadjes en plak ze met 3D kit op de randen van de kaart.

Sfeervolle kerst

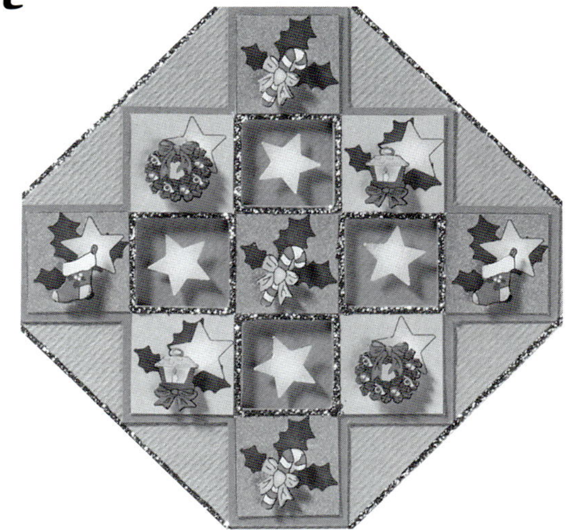

Kerst en sfeer gaan hand in hand. Gezellig, al die lichtjes in de kerstboom.

Nodig:
- ❑ *kaarten crème: 2 vierkant*
- ❑ *Florence karton: crème, groen, rood en oker*
- ❑ *Stickles glitterlijm goud*
- ❑ *Picture Punchvel Kerstboom*
- ❑ *ponsen: kerstkrans, kerstsok, zuurstok, lantaarn en ster*

1. Vierkante kaart met blokjes

Snijd uit oker karton een vierkant van 11 x 11 cm en plak het diagonaal op de voorkant van een vierkante crème kaart. Snijd de uitstekende hoekjes af. Knip de negen kleine blokjes uit het Picture Punchvel en plak ze op rood karton. Begin met een blauw blokje in het midden. Plak dan op elke hoek een beige blokje zo, dat de punten elkaar net raken. Plak nu tussen de beige blokjes weer vier blauwe blokjes. Zo ontstaat er een "schaakbord"van blokjes. Snijd het rode karton rondom weg, maar laat een randje van 2 mm staan. Snijd de rode blokjes open, weer met een randje van 2 mm. Plak dit in zijn geheel op het oker vlak op de kaart. Snijd ook de raampjes in de voorkant van de kaart open. Snijd uit groen karton een vierkant van 6 x 6 cm, snijd dit diagonaal door en plak deze driehoekjes in de kaart in de twee buitenhoeken. Snijd twee dunne strookjes uit oker papier van 6 mm breed en plak deze 0,5 cm vanaf de groene hoeken in de kaart. Snijd uit rood karton een vierkant van 8 x 8 cm en plak dit in het midden van de kaart. Trek de randen van het oker karton aan de voorkant van de kaart na met gouden glitterlijm. Breng ook een randje glitterlijm aan langs de randen van de rode kadertjes. Pons

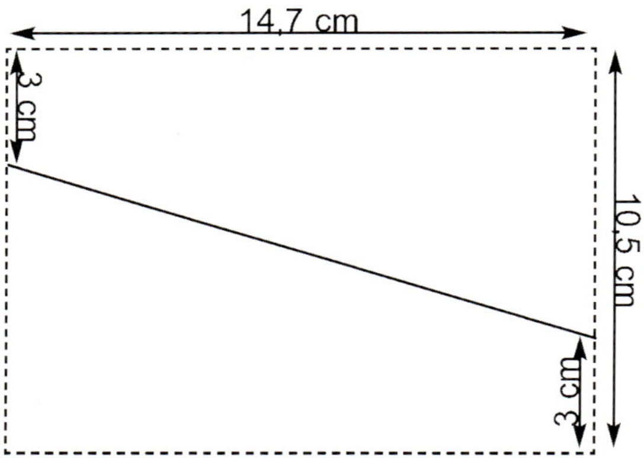

patroon 7

losse figuurtjes uit en plak deze met 3D kit op de kaart. Pons vier sterren uit en plak deze in de kadertjes van de kaart.

2. Drieluik A6 met kerstrandjes

Snijd een oker en crème A4 in de lengte doormidden. Ril van beide kleuren een strook precies in het midden en vouw deze dubbel. Zo ontstaan er twee liggende A6 kaarten. Snijd beide kaarten volgens *patroon 7*. Plak de oker kaart omgekeerd in de crème kaart. Snijd uit rood en groen karton een rechthoek van 10,5 x 14,8 cm en snijd deze ook door volgens *patroon 7*. Plak het rode deel achter de oker flap en het groene deel achter de crème flap in de kaart. Snijd vervolgens de beige en blauwe randen uit het Picture Punchvel en plak de beige op groen en de blauwe op rood karton. Snijd ze daarna uit, maar laat een randje van 1 mm staan. Plak de beige rand op de oker en de blauwe op de crème flap van de kaart. Breng een randje gouden glitterlijm aan rondom beide randen. Pons losse figuurtjes uit en plak ze op. Pons ook zes sterren uit en plak deze langs de schuine randen.

3. Vierkante kaart met ovaal kader

Snijd het ovaal uit het Picture Punchvel en snijd de buitenrand los. Plak deze op de voorkant van een vierkante crème kaart. Snijd de binnenkant van dit ovaal open (laat een randje staan van 2 mm) en snijd de kaart langs de rechterbuitenrand af. Laat ook hierbij een randje van 2 mm staan. Snijd uit oker en groen karton een vierkant van 14 x 14 cm en snijd dit diagonaal doormidden. Plak een oker en een groene driehoek in de kaart. Plak het middelste ovaal met kerstboom op rood karton en knip dit uit met een randje rondom van 2 mm. Prik een gaatje in het midden van de ster en zet het ovaal met een goudkleurige paper fastener ster vast in de kaart, precies achter het ovale kader. Breng met glitterlijm een randje aan langs binnen en buitenrand van het ovale kader en ook langs de rand van het kerstboomkader. Laat de lijm goed drogen. Pons losse figuurtjes uit en plak ze met 3D kit op en in de kaart.

1.
2.
3.

Kerstfeest

De kerstman bestaat niet? Bij het zien van deze kaarten ga je hier toch echt aan twijfelen!

Nodig:

- *kaarten: 2 rood vierkant, 1 geel vierkant, 1 rood A6 en 1 blauw A6*
- *Picture Punchvel Kerstman*
- *Allura embossing Kerstman*
- *Stickels glitterlijm: rood, geel, blauw, koper en iriserend*
- *stickervel met kerstwens*
- *embossingmallen: Kerstman en Kerst accessoires*
- *ponsen: kerstman, kerstmuts, kerstsok en ster*
- *paper fasteners medium ster wit*

1. Drieluik

Gebruik de rode en blauwe A6 kaarten en snijd ze volgens *patroon 8*. Plak de rode kaart omgekeerd in de blauwe. Snijd de gele rand los van het rechthoekige kader van het Picture Punchvel en snijd dit in de breedte doormidden. Plak beide helften op de kaart met de randen naar elkaar toe gekeerd en snijd de uitstekende delen af. Gebruik de blokken van het vierkante kader van het Picture Punchvel en plak het lichtblauwe blok met kerstsok op een rood vierkant van 4,4 x 4,4 cm en het blok met kerstmuts op een blauw vierkant. Gebruik hiervoor 3D kit zodat de blokken iets verdikt opgeplakt worden. Prik twee gaatjes in de hoeken van beide kaders en breng hierin twee paper fasteners

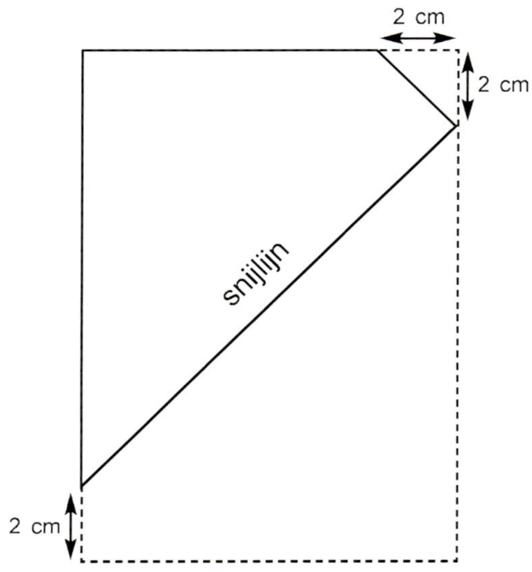

patroon 8

ster aan. Trek de randjes van de kerstmuts en kerstsok na met glitterlijm in bijpassende kleuren. Pons kerstmannetjes uit en plak ze om en om op in 3D.

2. Vierkante kaart met vier kadertjes.

Gebruik het binnenste gedeelte van het vierkante kader van het Picture Punchvel, zonder blauw buitenrandje. Snijd de vier blokjes uit en plak ze op de voorkant van een rode vierkante kaart. Snijd de raampjes open maar laat langs de randjes 2 mm staan. Snijd het raampje rechtsboven en linksonder ook open in de achterkant van de kaart. Snijd uit crème karton een vierkant van 11 x 11 cm en snijd ook hierin de twee kadertjes, schuin tegenover elkaar. Plak hier het vierkante kader van het Allura embossing achter en embos de kerstmuts en kerstsok. Plak het geheel in de kaart. Plak de vierkantjes met wanten in de kaart. Trek met blauwe en rode glitterlijm de randen van de kadertjes na. Laat de lijm goed drogen. Pons losse figuurtjes uit en plak ze met 3D kit op de kaart.

3. Vierkante drieluikkaart

Snijd een rode en gele vierkante kaart schuin door van de rechter bovenhoek naar de linker onderhoek. Plak de rode kaart omgekeerd in de gele. Snijd in de gele kant een kader van 5 x 8 cm, 0,5 cm vanuit de linker bovenhoek, maar snijd de rechter onderhoek schuin af (1 cm vanuit de hoek). Snijd uit het Picture Punchvel het vierkante kader en snijd het smalle blauwe randje met sterretjes los. Snijd dit diagonaal doormidden en plak beide delen op de voorkant van de kaart. Snijd uit het rechthoekige kader van het Picture Punchvel het binnenblok met kerstman en plak dit in de rechter onderhoek op de kaart tegen het blauwe randje. Snijd het linker bovenhoekje af. Snijd uit het Allura embossing de rechthoek met kerstman, embos deze en plak hem met dubbelzijdig tape achter het gele kader. Trek de randen van de kerstman op het rode vlak na met verschillende kleuren glitterlijm en laat deze goed drogen. Pons kerstmannen uit en plak deze met 3D kit langs de schuine rand van het gele vlak. Plak een kerstgroet op de kaart.

Graag wil ik de firma Vaessen Creative bedanken voor het beschikbaar stellen van alle in dit boekje gebruikte materialen.

1.
2.
3.
Happy New Year